MARIE

LK7854
   A

UNE COURONNE A MARIE.

IMPRIMERIE BATAULT-MOROT.

UNE COURONNE
A MARIE,

OU

TRADUCTION D'UN MANUSCRIT

RELATIF A NOTRE-DAME DE BEAUNE,

Conservé à la Bibliothèque publique de cette ville,

Avec le texte original en regard.

(1290.)

Deuxième édition. — Prix : 25 centimes.

BEAUNE,
CHEZ BATAULT-MOROT, IMPRIMEUR-LIBRAIRE.
1852

APPROBATION

DE MONSEIGNEUR L'ÉVÊQUE DE DIJON.

Nous avons lu la *Traduction d'un Manuscrit de la Bibliothèque de la ville de Beaune*, lequel rapporte vingt-quatre miracles opérés dans cette ville, vers la fin du XIIIe siècle, par l'intercession de la très-sainte Vierge. Nous déclarons que nous n'y avons rien trouvé qui fût contraire à la foi de l'Eglise Catholique, et nous n'avons pu qu'approuver le dessein des pieux Traducteurs ; espérant, comme eux, que la lecture de ces miracles affermira dans les cœurs la confiance en Dieu et la dévotion à Marie.

Dijon, le 5 Mars 1859.

(Place du sceau épiscopal en cire rouge.)

Signé : † FRANÇOIS,
Évêque de Dijon.

UNE COURONNE A MARIE.

OBSERVATIONS PRÉLIMINIARES.

Parmi les précieux manuscrits qui enrichissent l'importante bibliothèque de la ville de Beaune (1), il en est un qui offre le plus haut intérêt, non-seulement aux âmes pieuses de notre cité, mais encore aux amateurs des antiques légendes : c'est un ma-

---

(1) Cette belle bibliothèque, depuis quelque temps transférée, des appartements de l'ancien chapitre de Notre-Dame, à l'Hôtel-de-Ville, par les soins de M. Poulet-Denuys, occupe trois vastes salles parfaitement éclairées. Le local ne pouvait être ni mieux choisi, ni mieux distribué. Aussi, les lecteurs y sont déjà très-nombreux, attirés qu'ils sont par les richesses littéraires qu'il renferme, presque ignorées jusqu'alors.

gnifique in-folio, contenant les Homélies du Bréviaire de Beaune, en tête duquel se trouve le récit simple et naïf de plusieurs miracles, opérés, en notre ville, par l'intercession de la très-sainte Vierge. Ce manuscrit latin doit être de la fin du XIIIe siècle, 1° parce qu'en donnant la date précise de ces divers miracles, qui est l'an 1290, l'écrivain qui les a recueillis, invoque, pour les appuyer, le témoignage d'un grand nombre de témoins oculaires *qui vivaient encore de son temps :* d'où il résulte que, si ces miracles ne furent point écrits l'année même où ils arrivèrent, ils le furent peu de temps après ; 2° parce que l'écriture en est belle et soignée, et que chacun sait que l'art de la calligraphie sur vélin avait atteint un plus haut degré de perfection dans les XIIe et XIIIe siècles que dans les siècles postérieurs.

L'on ne prétend, certes, point accorder à ces miracles toute l'authenticité des miracles bibliques ; car ceux de la Bible sont rigoureusement de foi, tandis que ceux-ci sont abandonnés à la pieuse croyance des Fidèles : libre d'y croire ou de les rejeter. Mais nous devons dire qu'ils sont appuyés sur des témoignages si respectables ; nous y avons trouvé, avec une naïveté admirable, ornement ordinaire de la vérité, une telle précision dans les dates, dans la désignation des individus, dans l'indication du lieu de leur naissance, dans le genre de maladies dont ils furent guéris ; on y cite, en si grand nombre, des témoins oculaires, soit ecclésiastiques, soit laïques ; les faits, enfin, dont il s'agit ont eu un retentissement si général, que, de toutes ces autorités, il résulte une puissance qui semble satisfaire la raison la plus exigeante et assimiler l'authenticité de ces prodiges aux faits historiques les mieux avérés.

En effet, ce n'est pas un écrivain ignorant et ignoré dans notre ville qui fit, à cette époque, le relevé de ces miracles, mais un théologien instruit, et d'après l'ordre formel d'un personnage haut placé, consciencieux, lequel, après s'être entouré de toutes les lumières, de toutes les précautions nécessaires, les avait reconnus vrais et approuvés : *comprobavit*. Ce personnage éminent, c'est le doyen du Chapitre de l'insigne collégiale de Notre-Dame de Beaune, Pierre de Marcilly (1), Docteur en théologie et Censeur. Et il fallait bien que, dès ce temps-là, la relation de ces miracles fût regardée comme très-véridique et digne du plus grand respect, puisqu'elle se trouvait à la tête d'un livre qu'on avait tous les jours entre les mains, qu'on lisait aux offices publics, côte à côte,

---

(1) Voyez l'historien de Beaune, l'abbé Gandelot, page 298.

si l'on peut s'exprimer ainsi, avec les Homélies du Bréviaire de Beaune, tirées des écrits des Saints-Pères.

Qu'on ne croie pas d'ailleurs que ce précieux manuscrit soit le fruit d'une imagination exaltée ou d'une dévotion mal entendue envers la très-sainte Vierge ; car, d'une part, il a tout le froid, toute la sécheresse d'un procès-verbal, et de l'autre, il n'y a rien, dans sa rédaction, que la théologie la plus rigoureuse puisse reprendre, rien dont l'orthodoxie la plus sévère puisse s'alarmer. Ce n'est pas à Marie, comme principe de puissance, que l'auteur attribue ces miracles ; il ne confond pas la Créature avec le Créateur ; mais c'est à Dieu, à la Sainte Trinité, à la divine Providence, à Jésus-Christ qu'il les rapporte par la médiation et les prières de Marie. Marie n'est pas l'auteur des miracles, seulement elle les obtient par son intercession ; et l'écrivain, dévot envers la très-sainte Vierge, il est vrai, mais Catholique pur avant tout, craint tellement qu'une piété peu éclairée ne confonde ce qui doit être distingué, qu'il répète en plusieurs endroits, presque à chaque nouveau miracle qu'il rapporte, que c'est à Dieu, à Jésus-Christ qu'on en est redevable, mais par l'intervention de Marie.

Nous ne nous adressons pas à ceux qui ne croient point aux miracles, et qui refusent même à Dieu le pouvoir d'en opérer ; nous ne parlons qu'aux Catholiques. Et comment Jésus-Christ, qui s'est servi de la médiation de l'auguste Marie lors de la sanctification de Jean-Baptiste (1), le plus saint des enfants des hommes, et qui encore, aux noces de Cana, a voulu faire, à la prière de sa mère, le premier de ses miracles publics (2), comment n'aurait-il pas daigné exalter devant les hommes cette Mère chérie, en lui accordant des miracles dans une cité, dans une église dont elle est la protectrice et la patronne ? dans une église où elle était invoquée, du temps de nos pères, avec tant de dévotion et de confiance ; où chaque jour, pour ainsi dire, il se faisait un concours si nombreux de fidèles des pays circonvoisins et même des pays éloignés ; dans une ville où Marie était regardée comme un puissant rempart, comme le palladium sacré qui protégeait ses murs ; où son image brillait non-seulement dans le temple qui lui est consacré, mais encore sur les antiques sceaux de l'insigne collégiale, et, plus tard, jusque sur les armes de la cité qui avait pris pour devise ces belles paroles :

---

(1) *Factum est, ut audivit salutationem Mariæ Elisabeth, exultavit infans in utero ejus.* (Évangile selon saint Luc, Ch. 1er, V. 41.)

(2) Lisez le 2e chapitre de l'Évangile selon saint Jean, depuis le 1er verset jusqu'au 11e inclusivement.

VRBIS . ET . ORBIS . HONOS (1) ;

dans une ville où l'on se pressait aux pieds de ses autels, dans les calamités et les joies publiques, ou pour obtenir la cessation d'un fléau, ou pour rendre, par elle, des actions de grâces au Tout-Puissant ? Et Marie n'a-t-elle pas, de nos jours encore, des lieux particuliers, à Fourvières, par exemple, à Notre-Dame-des-Ermites, où souvent, elle se montre propice au malheureux qui l'implore, et obtient même des prodiges en sa faveur ? Ah ! rappelons-nous ces paroles sorties de la bouche de notre divin Sauveur : Tout est possible à celui qui croit : *Omnia possibilia sunt credenti* (2).

Quant à notre but, le voici :

---

(1) GLOIRE DE LA VILLE ET DE L'UNIVERS !
Avant notre première Révolution, l'image de la Sainte Vierge était placée non-seulement sur les portes de la ville, mais encore sur la façade d'un très-grand nombre d'habitations particulières ; de sorte qu'on pouvait, à juste titre, appeler Beaune la ville consacrée à la glorieuse Marie : *Urbs in honore micat celsæ sacrata Mariæ*. (Poésies du moine Abbon.)—Il n'est personne de Beaune qui ne connaisse, entre autres, la Vierge et la belle niche gothique à fines découpures, qu'on voit encore à l'angle de la rue de la Charité. En conservant ce gracieux petit travail, on a fait preuve non-seulement de piété, mais encore de goût et d'intelligence.

(2) Saint Marc, chapitre 9, verset 22.

Nous rapportons ces miracles, d'abord parce qu'ils peuvent édifier les âmes chrétiennes et augmenter leur dévotion à la très-sainte Vierge ; ensuite parce que ce sont des faits qui tiennent à l'histoire même de notre cité, et que nous sommes jaloux de la conservation et de la propagation de ces faits qui nous touchent de si près ; enfin parce que, à ne considérer cette relation que sous le point de vue archéologique, comme un débris du moyen-âge, et comme objet de simple curiosité, nous croyons faire plaisir aux lecteurs d'exhumer ces pieuses légendes, capables de nous intéresser, ce nous semble, au moins autant que beaucoup d'histoires apocryphes pour lesquelles on montre généralement une prédilection si marquée.

Ces miracles sont au nombre de vingt-quatre, tous arrivés dans le courant de l'année 1290, et la plupart le samedi. Si Marie semble avoir choisi le samedi pour faire éclater devant les fidèles qui l'invoquaient sa miséricorde envers eux, et sa puissance auprès de son Fils, c'est que le samedi lui est spécialement consacré, parce que c'est en ce grand jour que, suivant les chronologistes, elle a mis au monde le Sauveur des hommes, et que l'Eglise récite en son honneur un office particulier.

Deux autres miracles ont encore été opérés postérieurement à ceux dont nous donnons la traduction ; nous les ajouterons à la fin de cet opuscule.

Nous copions textuellement notre manuscrit, et nous reproduisons à dessein les caractères gothiques de l'époque, l'orthographe, les abréviations, la ponctuation du temps et jusqu'aux fautes du copiste. Nous voulons, autant que possible, conserver religieusement au siècle toute sa physionomie. Le texte original, en regard de notre traduction, donnera au lecteur la facilité de s'assurer si elle est fidèle, et de la rectifier, s'il y a lieu.

Ici une question se présente à l'esprit : la statue de la Vierge que possède actuellement l'église Notre-Dame est-elle la statue miraculeuse du XIII° siècle ? —Quoiqu'à cet égard nous n'ayons pas de documents qui puissent nous fixer d'une manière positive, nous sommes fondés à croire que c'est la même, et, pour notre part, nous le croyons fermement, pour plusieurs raisons :

1° A cause de sa forme et de son état de vétusté. Tout le monde sait que le vrai type de la Vierge, au moyen-âge, représentait généralement la Mère du Sauveur assise, tenant l'Enfant-Jésus sur ses genoux, comme, par exemple, est celle de *Notre-Dame-de-*

Bon-Espoir, à Dijon (1), et celle de Pouilly-en-Auxois, toutes les deux très-vénérables et très-anciennes. On la voit encore dans la même attitude sur les sceaux des chartres données, il y a plusieurs siècles, par des églises placées sous son invocation. C'était, à n'en pas douter, ce type-là même qui avait fourni à l'illustre Raphaël l'idée de son admirable Vierge *à la chaise*.

Or, telle est aussi la position de la Vierge de Notre-Dame de Beaune. L'œil le moins exercé a bientôt reconnu, qu'indépendamment des restes d'une antique peinture qui couvre son vêtement, l'attitude et la facture de la statue proclament une antiquité reculée. Le ciseau qui la produisit n'était pas un ciseau habile, il est vrai; mais, dans cette ignorance de l'art, nous retrouvons précisément encore une nouvelle preuve de sa vieille origine.

De ce que sa figure est presque noire, quelques-uns ont pensé qu'elle avait dû, jadis, être peinte en cette couleur. En la regardant de près, on reste convaincu que cette teinte n'est que le résultat des siècles (2).

---

(1) L'Enfant-Jésus fut brûlé pendant la Révolution de 93, mais la Vierge fut sauvée par mademoiselle Marthe Bourgoin.

(2) L'abbé Bredault, en parlant de la Vierge miraculeuse de

2° Et pourquoi la Vierge que nous possédons aujourd'hui ne serait-elle pas la Vierge miraculeuse d'autrefois? Pourquoi aurait-on substitué une statue nouvelle à la statue ancienne? Certes! le Clergé de cette époque, s'il l'eût fait, eût été bien mal inspiré en dépouillant sa basilique de sa gloire la plus rayonnante! Et si l'idée lui en fût jamais venue, croyez-vous que ce Clergé, si opulent alors, ne l'eût pas remplacée par une statue remarquable par la forme et la matière? D'ailleurs, si quelqu'un eût été assez osé pour le faire, le peuple n'eût-il pas réclamé en masse et ne se fût-il pas écrié : « Rendez-nous notre Vierge « vénérée, notre Vierge aux pieux souvenirs, celle « que nous avons invoquée et qui nous a exaucés, « celle qui, par ses prières, obtint à nos pères de si « nombreux miracles! » — N'en ferait-on pas encore autant, même en nos jours si peu croyants (1)?

3° Au reste, tout le monde sait qu'avant la Révo-

Notre-Dame, s'exprime ainsi : « Cette statue de la Vierge est an- « tique, et noire comme toutes les anciennes statues célèbres de « la sainte Vierge. On y a eu jadis beaucoup de dévotion. »

(1) Monseigneur Rey, par son ordonnance du 6 septembre 1834, a accordé *quarante jours d'indulgence* à ceux qui, le premier dimanche du mois, visiteront la Chapelle de *Notre-Dame de Beaune*, et y prieront pour l'Eglise et la propagation de la foi. L'autel de cette chapelle a été déclaré privilégié, *pour tous les jours et à perpétuité,* par le souverain Pontife Grégoire XVI, le 15 décembre 1832.

lution de 93, cette même Vierge était placée, de temps immémorial, au-dessus du maître-autel, alors reculé au fond du chœur (1). C'était à ses pieds que, chaque dimanche, comme aujourd'hui encore, l'offi-

(1) Cette image miraculeuse, sauvée des mains révolutionnaires par les soins de mademoiselle Madeleine Galleron, ancienne institutrice à Beaune, a été rendue à la vénération publique, lors de l'ouverture des églises. En 1832, Beaune ayant été préservé du choléra, les Fidèles ont élevé un autel à leur auguste Patronne, et ils ont gravé sur le marbre, en lettres d'or, l'inscription suivante, monument de leur piété et de leur reconnaissance :

Virgini Deiparæ,
Urbis Patronæ,
Ope cujus
Horrendâ lue
Quæ jàm permultas
Galliæ provincias
Depopulârat
Belna servata fuit,
Sacrum hoc altare,
Spontaneis sumptibus
Exstructum,
Cives pii et grati
Dicârunt.
Anno salutis
M. DCCC. XXXIII.

Voici comment s'exprimait le premier pasteur du Diocèse, après la cessation du fléau :

« ..... Vous vous plairez surtout, comme nous aimons à le pro-

ciant, après la grand'messe, entonnait et le chœur continuait cette prière touchante, cri d'amour et d'espoir, qui saluait Marie mère de grâce et de miséricorde, et plaçait sous son puissant patronage et les vivants et les morts :

> *Maria, mater gratiæ!*
> *Mater misericordiæ!*
> *Tu nos ab hoste protege,*
> *Et horâ mortis suscipe :*
> *Pro defunctis intercede!* (1)

« clamer, vous vous plairez surtout à attribuer à Marie, à cette
« puissante auxiliatrice des Chrétiens, le secours que vous avez
« réclamé par son intercession et que vous avez obtenu par les
« mérites infinis de Jésus-Christ, son divin fils..... Nous laissons
« au zèle de messieurs les curés et desservants le soin de consa-
« crer dans leur paroisse, par un monument, la reconnaissance
« de leurs paroissiens envers la Mère de Dieu. » (Mandement de Mgr. l'Évêque de Dijon, en date du 6 avril 1833.)

(1) Marie, mère de grâce !
Mère de miséricorde !
Protégez-nous contre notre ennemi,
Et recevez notre âme au moment de la mort !
Priez pour les fidèles trépassés !

(Tiré de l'office de la très-sainte Vierge, selon le rit romain.)

Telles sont, en peu de mots, les raisons qui nous font croire que cette statue est la même que la statue miraculeuse. Donner la date précise de son origine est chose impossible ; mais il est très-probable, nous dirions presque certain, qu'elle remonte à la fondation même de l'insigne Collégiale (1).

Quoi qu'il en soit, nous serons largement récompensés de ce petit travail si nous sommes assez heureux pour réveiller dans les cœurs, ne fût-ce que dans un seul, des sentiments de confiance et de piété envers la très-sainte Vierge, qui promet une gloire éternelle à ceux qui la feront honorer sur la terre : *Qui elucidant me, vitam æternam habebunt* (2).

---

(1) La belle église Notre-Dame, commencée, vers la fin du Xe siècle, par Henri-le-Grand, fut continuée par le Chapitre, et achevée, à la fin du XIe siècle, par la duchesse Mathilde. Plusieurs de nos ducs furent bienfaiteurs de cette église, et Sixte IV la décora du nom et des prérogatives de *Collégiale insigne*. Elle tenait le premier rang après la Cathédrale (Voyez l'abbé Gandelot, pages 34 et suivantes.)

(2) *Ecclésiastique*, chapitre 24, verset 31. L'Eglise applique ce texte de l'Ecriture à Marie. (Voyez le *Selva* de saint Liguori, Inst. 11e de la dévotion à la sainte Vierge, paragraphe 2e)

Puisse cette simple couronne que nous plaçons sur la tête de notre Mère lui être agréable ! puisse-t-elle être un gage de notre amour et de notre dévouement !

REGINA SINE LABE CONCEPTA, ORA PRO NOBIS !

Recitatio miraclo**z** gloriose genitricis dei marie. de nouo fco**z** in ecclesia beate marie belnen̄.	Récit des miracles de la glorieuse Vierge Marie, mère de Dieu, nouvellement opérés dans l'église Notre-Dame de Beaune.
In nomine patris et filij : et sp̄s sancti amen. Adsit in auxilio : sancta maria meo.. amen.	Au nom du Père, et du Fils, et du Saint-Esprit, Ainsi soit-il. Sainte-Marie, venez à mon aide. Ainsi soit-il.
Cum audiuntur signa et miracula que operatur s̄ca trinitas precibus et meritis glōse genitricis dei marie. in hoc eius uenerabili templo frequentius conuenit : laudum preconia et gratiarum actiones. a clero & populo devotius et crebrius referuntur saluatori. Sed multa signa et miracula	Au bruit des prodiges et des miracles que la Sainte Trinité opère par les prières et les mérites de la glorieuse Vierge Marie, mère de Dieu, on accourt en foule dans son auguste Temple : le Clergé et le peuple adressent au Sauveur des louanges et des actions de grâces plus fréquentes, avec un redoublement de ferveur.

fecit ihesus xps dei filius precibus eius matris. in ipsa belnen. ecclia : que per negligentia non sunt scripta. Venerabilis igitur pater noster magister petrus de marcilleio sacre scripture doctor et enucleator. quedam miracula que operari dignata est sancta trinitas : internetu gloriose genitricis dei marie. in ei̅ nenerabili templo belnen̅ hiis diebus : sicut fide dignoz testimonio didicit et co̅probauit precepit merito fidei memorie commendari in hijs scriptis.

Mais comme Jésus-Christ, fils de Dieu, a accordé, dans l'église Notre-Dame de Beaune, aux prières de sa sainte mère, plusieurs miracles éclatants qui, par négligence, n'ont pas été écrits, notre vénérable père, maître Pierre de Marcilly, Docteur en théologie et Censeur, ayant appris de la bouche de témoins dignes de foi ceux que Dieu a daigné opérer de nos jours, par la médiation de la très-sainte Vierge, dans cette vénérable église qui lui est consacrée, les a sanctionnés de son approbation et a ordonné avec sagesse qu'ils fussent écrits pour être transmis fidèlement à la postérité.

I.

Anno domini. m̅. cc̅. nonagesimo. mense aprilis. septimo decimo. Kl.ˢ maij. Sabbato post octabas resurrectionis domini. Quedam puella ysabella nomine. de s̅c̅o luppo prope macerias cabilonen͠ dyoc̃ : retortum habens brachium sinistrum. et manum post tergu͠ herentem brachio : ac digitos curuos. que sic infirma fere per triennium conuersata est apud belnam : et quasi cotidie ad matutinos hymnos die noctu q3 precibus assiduis : ante altare gloriose uirginis dnu͠m ih̅m̅ xp̅m̅ t̃ gloriosam uirginem eius ma-

I.

L'an du Seigneur 1290, au mois d'avril, le 17ᵉ jour avant les Calendes de mai (1), le samedi après l'octave de Pâques, une jeune fille, de St-Loup-près-Maizières, diocèse de Châlon, nommée Isabelle, avait le bras gauche tourné en arrière ; sa main, fixée sur le dos, était contractée sur le bras, sans pouvoir en être détachée. Elle avait en outre les doigts entièrement courbés. Dans cet état, elle demeura à Beaune, pendant près de trois ans, assistant, presque tous les jours, à l'office de Matines. Jour et nuit, elle venait prier devant l'autel de la très-sainte Vierge, ne cessant d'invoquer notre

(1) Le 15 Avril.

trem exorare nõ cessa-
bat. unde accidit: quod
meritis et intercessione
glose genitricis dei ma-
rie : in ipsius uenera-
bili templo apud bel-
nam. diuino nutu reci-
pere meruit sanitatem :
et dictoʒ membroʒ rec-
titudinem et consuetam
opationem.

Seigneur Jésus-Christ et
sa sainte Mère. Or, elle
obtint de Dieu, dans cette
vénérable église Notre-Dame, sa guérison, par les
mérites et l'intercession de
la bienheureuse Vierge Marie : son bras et ses doigts
furent redressés, et elle
en recouvra l'entier usage.

II.

II.

Le même Samedi. (1)

Quidam etiam iuve-
nis giotus nomine. de
thoreio eduen. dyoc. in
uilla belnen nutrie-
tus : cotidie deferebatur

Un jeune homme nom-
mé Guiot, de Thorey, dio-
cèse d'Autun, et qui de-
meurait à Beaune, était
porté, tous les jours, à

(1) Nous nous sommes permis, dans quelques miracles, une
légère transposition pour la plus grande commodité du lecteur :
c'est de placer en tête le jour où ils sont arrivés. Cette précaution
fixera, tout d'abord, son esprit sur la date, et nous dispensera de
la répéter dans le cours de la narration.

ad eccliam beate marie belnen̄. pro elemosinis de quibus uiueret a fidelibus recipiendis. Qui contractis pedibus cruribus herentibus sustentabat. et iactabat totum corpus suum de loco ad locum cum manibus suis et duab3 sellulis : diuina prouidentia precibus et meritis gloriose uirginis. in ipā ecclesia fuit erectus ipā die sabbī : ac sanitati etiam restitutus.

l'église Notre-Dame pour y recevoir, des fidèles, les aumônes nécessaires à sa subsistance. Il avait les pieds retirés, recourbés sur les jambes, et il soutenait son corps avec ses mains et deux sellettes, les jetant en avant pour passer d'un lieu à un autre. Par un effet de la divine Providence, et par les prières et les mérites de la glorieuse Vierge Marie, il fut redressé et entièrement guéri dans l'église même.

III.

Eodem die : quedam mulier de castellione lingonen̄ dyoc[s] maria nomine. que diu languerat

III.

Le même Samedi.

Une femme de Chatillon, diocèse de Langres (1), nommée Marie, qui était infirme depuis long-temps,

(1) Aujourd'hui de Dijon.

cotracta toto corpore ad portam de capania belnen. prope domum es escharpaz. in ipsa beate marie belnen ecclesia dei nutu et etiam matris precibus totius corporis sui reicpere meruit sanitatem : et membroz suoz omnium officium consuetum.

ayant le corps tout courbé, et qui se tenait vers la porte de la Champagne de Beaune (1), près la maison dite Es-Escharpas, obtint de Dieu, dans l'église Notre-Dame, par l'intercession puissante de Marie, la santé et le libre usage de tous ses membres.

IV

IV.

Le même Samedi.

Eodem die quidam Guillerm⁵ nomine Ca-

Un homme, nommé Guillaume, du diocèse de

---

(1) Cette porte, l'une des plus anciennes de la ville, tirait son nom de ce vaste terrain qui s'étend depuis la Bouzaize jusqu'à la Maladière, sur la route de Dijon, et du pied de la côte aux approches de Gigny.—La Champagne de Beaune ayant été donnée, en 1174, à Gérard de Réon, par Hugues III, duc de Bourgogne, ce seigneur en fit don au Chapitre de Notre-Dame, sous la condition d'y faire bâtir une ville (*villa*); de là l'origine du faubourg St-Nicolas, qui porta pendant long-temps le nom de Bourgneuf, nom qui fut donné à la porte de la Champagne, et qui depuis le quitta pour prendre celui de porte St-Nicolas.

On nommait aussi Bourgneuf cette partie de la Grand'Rue la plus voisine de la porte St-Nicolas ; car l'hôpital du Bourgneuf, dit Gandelot (page 74), était situé à l'endroit où s'élève aujourd'hui l'église de l'Oratoire.

bilonẽ dyocesis oriundus. habens tybiam unam de uersus deorsum retortam : ĩ de alia tybia ossa exierant. et pedem amiserat : ita quod nõ poterat ire nisi cum duabus sellulis : Divina miseratione et gloriosa beate marie uirginis intercessione : in ipsa beate marie belnẽ ecclesia. erecta fuit dicti Cuillermi tybia torta : ita quod dimissis sellulis ambulauit cũ uyilis et uno pede. Huius rei testes adfuerunt qui adhuc supersunt quam plurimi presbiteri clerici et layci : quorum nomina longum esset exprimere sigillatim. O laudanda miracula campanis pulsantibus conueniunt om-

Châlon, avait une jambe tordue en dehors et en bas, des os étaient sortis de l'autre jambe et il avait perdu un pied, de manière qu'il ne pouvait marcher qu'avec deux sellettes. Par la divine miséricorde, et l'intercession de la glorieuse Vierge Marie, la jambe de cet homme fut redressée, dans l'église Notre-Dame, et jetant là ses sellettes, il marcha avec des béquilles et un seul pied. Il existe encore plusieurs témoins oculaires de ce miracle, tant prêtres que clercs et laïques, dont il serait trop long de rapporter les noms. Pour rendre grâces à Dieu de ces prodiges, les fidèles accourent à Notre-Dame, au son des cloches ; un *Te*

nes in eadem ecclesia. te deum laudamus alta uoce personatur : atq3 gloriosa dei genitrix uirgo maria ab omni populo et clero deuotissime collaudatur.

V.

Accidit etiam sabbato sequenti post quindenam dictarũ octabarum resurrectionis domini : quod quedam mulier nata de dumo prope belnam eduẽ dyocesis nomine margorona. erat tanta infirmitate grabato suo detenta et contracta iacebat ante do-

Deum solennel est chanté, et tout le clergé et le peuple, pénétrés de la dévotion la plus tendre, témoignent leur reconnaissance à la bienheureuse Vierge Marie, mère de Dieu.

V.

Le samedi suivant, après la quinzaine de l'octave de Pâques.

Une femme, née à Buisson-près-Beaune, diocèse d'Autun (1), nommée Marguerite, était retenue sur un grabat dans un grand état d'infirmité : elle avait le corps entièrement courbé, et, depuis huit ans, se tenait devant la maison des Cordeliers de Beaune (2). Par la vo-

---

(1) Aujourd'hui de Dijon.
(2) Saint Louis, roi de France, ayant retiré des mains des Vé-

mum fratrũ minorum
beluen̄. et per octo an-
nos ibi infirma iacue-
rat. Diuina prouiden-
tia et precibus gloriose
dei genitricis marie.
ipsa die erecta fuit et
ambulauit directe toto
tẽpore uite sue : omnia
sua negocia operando.

lonté de la divine Provi-
dence et les prières de la
glorieuse Vierge Marie,
mère de Dieu, elle fut entièrement redressée et marcha droit tout le reste de
sa vie, vaquant librement
à ses affaires.

VI.

Sabbato sequenti
post quindenam dic-
tarum octabaȝ resurrec-
tionis domini : Guido

VI.

Le même Samedi.

Un homme, nommé Gui,
attaché au service de monseigneur l'évêque de Châ-

---

nitiens les reliques que les généraux de l'empereur Baudoin leur
avait données en dépôt, résolut de les placer dans la Sainte-Cha-
pelle, qu'il avait fondée à Paris. Pour les transporter avec plus de
décence, il demanda au Général des Franciscains quatre religieux.
L'un d'eux, nommé Valérien, étant tombé malade à Beaune, y
resta avec un de ses frères. Quelques bourgeois, édifiés de leur
conduite, leur proposèrent de s'établir en cette ville, et Inno-
cent IV confirma, par ses bulles de 1248, cette nouvelle maison. Telle fut l'origine des Cordeliers à Beaune. Ces pères,
après avoir habité quelque temps la rue du Bourgneuf, (actuellement la Grand'Rue), fixèrent leur domicile près de l'Hôtel-Dieu.
(*Voy. l'abbé Gandelot, page* 54.)

seruiens domini epi cabilonis custos castri paluelli habuit os tortum similiter et brachia torta. et tam magna detinebatur infirmitate: quod credebatur ipsum animam exalare. Videns hec omnia uxor illius reddidit et deuouit ipsum deo et beate uirgini marie belnen͠ : quod conualescentia habita. quancitius posset ecclesiam beate marie predictam uisitaret. Post hec sine mora ipse infirmus conualuit de infirmitate. et de tortura oris et brachiorum : et uenit ad pedes suos ad ecclesiam beate marie belnen͠. deo et beate marie de conualescentia sua gracias redditurus.

lon, et concierge du château de Palleau, avait la bouche tordue ainsi que les bras. Il était si malade qu'on le croyait sur le point d'expirer. Sa femme, le voyant réduit à cette extrémité, le voua à Dieu et à la bienheureuse Vierge Marie, honorée à Beaune, promettant qu'il visiterait son église le plus tôt possible. Aussitôt le malade fut entièrement guéri et vint à pied à Notre-Dame rendre grâces à Dieu et à la très-sainte Vierge du rétablissement qu'il venait d'obtenir.

VII.

Sequenti die dominica post quindenam dictarum octauarum resurrectionis domini : quidam puer etatis circiter quinque annorum uel sex annorum habebat pedes tortos. ita quod articuli pedum erant deuersus deorsum : et tali a parte anteriori. audiens mater eius rumores miraculorum que fiebant in ecclesia beate marie belnen : reddidit et deuouit illu͡ puerum deo et eius gloriosissime genitrici. et asportauit ipsum puerum uersus ecclesiam predictam. Et cum essent ante portale ecclesie : deposuit puerum : et non poterat puer ille

VII.

Le jour suivant, Dimanche après la quinzaine de Pâques.

Un enfant, d'environ cinq ou six ans, avait les pieds contournés de manière que les articulations étaient déjetées en dehors et en bas et que les talons se présentaient en avant. Sa mère, entendant parler, de tous côtés, des miracles qui s'opéraient à Notre-Dame de Beaune, le voua à Dieu et à la glorieuse Vierge Marie, et l'apporta près de cette église. Etant arrivée devant le portail, elle y posa l'enfant, qui ne pouvait se tenir sur ses pieds : elle le porta donc dans l'église même. A peine était-elle devant le mai-

se tenere super pedes suos. Attulit igitur mater eius ipsum puerum in ecclesia beate marie belnen̄. Qui dum essent ante magnum altare. Ipso puero super panimentum deposito : pedes ipius pueri directi fuerunt. et ipse puer cepit ire festinus per ecclesiam coram populo. Qui puer predictus de quo fit mentio fuit de uilla belnen̄ in uico de porpereul oriundus. De hijs autem omnibus sunt testes : uidelicet dns galterus sacrista dicte ecclesie. et dominus petrus de uiuarijs presbiteri. hugo de sancto mauricio. et michael de lantyaco clerici in uilla belnen̄ commorantes : et plures alii

tre-autel, qu'elle le déposa sur le pavé : ses pieds furent redressés et il se mit à courir dans l'église devant tout le peuple. Cet enfant était de Beaune, du faubourg Perpreuil. Les témoins de ce miracle sont les sieurs Gauthier, sacristain de la dite église, et Pierre de Veuvey, tous les deux prêtres, Hugues de de St.-Maurice et Michel de Lantilly, clercs, demeurants à Beaune, et plusieurs autres, prêtres, clercs et laïques, qu'il serait trop long de nommer séparément, à cause de la brièveté que nous nous sommes imposée.

presbiteri clerici et laici. quorum nomina longum esset enarrare : atque nostra pernicia non permittit.

VIII.

Adhuc cessare minime debz nostra fragilitas qui gloriosa dei genitrix uirgo maria per nos die noctuq3 incessanter collaudetur. que talia miracula in sua belnen ecclesia dignata est corã omni populo demonstrare : quod ceci. surdi. claudi. et alij plures ifirmi a diuersis infirmitatibus sunt mundati. Inter que miracula : accidit quadam die sabbati ante festum beatorum apostolorum philipi et iacôbi quod que-

VIII.

Le Samedi avant la fête des apôtres St. Philippe et St. Jacques.

Malgré notre impuissance, nous ne cesserons de louer, nuit et jour, la glorieuse Vierge Marie, mère de Dieu, qui daigne faire éclater, devant tout le peuple, de si grands miracles dans cette église qui lui est consacrée : les aveugles, les sourds, les boiteux et plusieurs autres malades sont guéris. Parmi tous ces miracles, je rapporterai le suivant : une femme de Vollenay, nommée

dam mulier de nolenaio hugueta nomine : que contracta fuerat per spacium quinqȝ annorum : uouit deo et gloriose uirgini marie quancitius posset eiusdem uirginis ecclesiam apud belnam uisitaret. Hoc facto : fecit suos uocare uicinos. rogans eos ut pro diuina misericordia pararent ei aliquod uehiculum. super quod posset apud ecclesiam beate marie uirginis belnen͂ : causa peregrinationis deportari. Et cum non inueniret aliquem qui in hoc eande͂ iunaret : ipsa inuocato beate gloriose uirginis auxilio. confestim eriuit de grabato suo tota erecta : et ad pedes suos ipsa die

Huguette, qui était courbée depuis cinq ans, fit vœu à Dieu et à la glorieuse Vierge Marie de visiter, le plus tôt qu'elle pourrait, l'église Notre-Dame de Beaune. Ensuite elle fit appeler ses voisins, les priant, pour l'amour de Dieu, de lui prêter une voiture afin de se rendre à cette église pour accomplir son vœu. Ne trouvant personne qui voulût lui rendre ce service, elle invoqua le secours de la bienheureuse Vierge Marie : aussitôt elle sortit de son lit, entièrement redressée, et, le jour même, vint à pied à Notre-Dame.

nenit ad ecclesiam beate
marie supradicta.

IX.

Eodem die quo supra : quidã clericus de chasseguenoeduen dyocesis ibat quasi contractus ad duas neyllas : et nenit ad ecclesiam beate marie belnen. Et innocato ipsins gloriose uirginis aurilio. curatus fuit statim in ecclesia supradicta coram omni populo : et iuit rectus absq3 neeliis et sine baculo.

X.

Ipsa die sabbati : quidam iuuenis de beligueyo super oscharam qui uocabatur garnerius. etatis circiter duo-

IX.

Le même Samedi.

Un clerc de Chassagne, diocèse d'Autun (1), était presque courbé et marchait à l'aide de deux béquilles. Il vint à l'église Notre-Dame, et ayant invoqué le secours de la glorieuse Vierge Marie, il fut aussitôt guéri devant tout le peuple, et, dès lors, il marcha droit sans béquilles et sans bâton.

X.

Le même Samedi.

Un jeune homme de Bligny-sur-Ouche, nommé Garnier, âgé d'environ douze ans, avait été cour-

(1) Aujourd'hui de Dijon.

decim annorum contractus semper fuerat : et nunquam in tota uita sua usq3 ad diem predictam potuit ambulare. Adductus de beligueyo causa peregrinationis super quandam asinam ad ecclesiam beate marie uirginis prenominatam : statim erectus fuit et ambulauit. tamen aliqũlum membrorum debilis. Testes huius rei sunt : dominus galterus de cuceyo presbiter. et sacrista ecclesie belnensis predicte : Dominus petrus de niuarijs. dominus galterus de gyauges matricularius dicte

bé toute sa vie et n'avait jamais pu marcher. Amené en pèlerinage sur une ânesse, à l'église Notre-Dame, il fut aussitôt redressé et marcha droit. Il lui resta cependant quelque faiblesse dans les membres. Les témoins de ce miracle sont les sieurs Gauthier de Cussy, prêtre, sacristain de l'église Notre-Dame ; Pierre de Veuvey, Gauthier de Géanges, matriculier de ladite église (1), tous deux prêtres ; Renaud, de Pouilly, clerc et aussi matriculier ; Hugues de Villebichot, clerc (2), et plusieurs autres tant prêtres que clercs et laïques, qu'il serait trop

---

(1) On appelait autrefois *matriculiers* ceux qui étaient inscrits sur le Catalogue des pauvres secourus par une église. (Voyez l'*Histoire Ecclésiastique* par l'abbé Fleury, tome XI, page 383, et l'*Hierolexicon*.)

(2) Le texte dit : Clerc, aux pieds tordus.

ecclesie presbiteri : renaudus de poilleyo clericus similiter matricularius. hugo de uillabicheti. tortipes clericus et plures alij presbiteri clerici et laici quod lungum esset enarrare.

XI.

Minime debemus diuina tacere miracula que dominus noster ihesus xpistus gloriosis precibus genitricis sue uirginis marie operatus est die noctuq̃ in supra scripta belnen ecclesia : sicut nos uidimus. et plures alii nobiscum fide digni. Inter ea hoc uobis referam. quod sabbato ante ascensionem domini : quedam mulier de corcellis edũen dyocesis. per longum tempus

long d'énumérer.

XI.

La Samedi avant l'Ascension.

Nous ne pouvons passer sous silence les miracles éclatants que notre Seigneur Jésus-Christ a opérés, nuit et jour, à la prière de la bienheureuse Vierge Marie, sa mère, dans cette église Notre-Dame, comme nous l'avons vu nous-mêmes, ainsi que plusieurs personnes dignes de foi. Parmi ces miracles, je vous rapporterai le suivant : Une femme de Corcelles, dio-

fuerat contracta in villa belle crucis cabilonen dyocesis : audiens rumores quod tam crebra fiebant miracula in supradicta beate marie belnen ecclesia. statim vouit deo et gloriose eius genitrici quod eandem ecclesiam quacitius posset visitaret. Et ꝗ ipsa pre nimia paupertate non haberet vehiculum super quod posset venire ad dictam ecclesiam : invocato domini nostri ihesu xpisti et gloriose virginis marie auxilio : exivit ut potuit de grabato in quo ipsa iacebat : et iter peregrinationis sicut ipsa uouerat arripuit. Quidam autem vicini eius adsociauerunt eam usq3 ad dic-

cèse d'Autun, demeurait, depuis long-temps, à Bellecroix, diocèse de Châlon, et avait le corps tout courbé. Entendant parler des miracles qui se faisaient si fréquemment dans l'église Notre-Dame de Beaune, elle fit aussitôt le vœu à Dieu et à sa glorieuse Mère de visiter cette église le plus tôt qu'elle pourrait. Comme elle était très-pauvre et n'avait point de voiture pour se transporter à la dite église, elle invoqua le nom de notre Seigneur Jésus-Christ et de la bienheureuse Vierge Marie, sortit, comme elle put, du lit où elle languissait, et, pour accomplir son vœu, prit le chemin de son pèlerinage. Plusieurs de ses voisins l'accompagnèrent jusqu'à

tam ecclesiam : qui uiderunt et testificati fuerunt quod in ipso itinere precibus gloriose uirginis tota curata fuit et erecta.

XII.

Eodem uero die : perronetus de nolaio eduen dyocesis. qui per lungum tempus curuus fuerat. adductus ad ecclesiam gloriose uirginis marie belnen : et inuocato dei genitricis auxilio. curatus fuit et erectus in ecclesia supradicta : omĩ clero et populo ibidem astantibus et nomen ihesu xpisti ac uirginis gloriose collaudantibus.

l'église Notre-Dame, et ils attestèrent, comme témoins oculaires, que, dans le chemin même, son corps avait été redressé et qu'elle avait obtenu sa guérison par l'intercession de la Mère de Dieu.

XII.

Le même Samedi.

Un homme de Nolay, diocèse d'Autun (1), appelé Pierre, était courbé depuis longtemps. Ayant été amené à Notre-Dame, il invoqua le secours de la Mère de Dieu, et fut redressé et entièrement guéri, dans cette église, en présence de tout le clergé et du peuple, qui louaient hautement le nom de Jésus-Christ et de la glorieuse Vierge Marie.

(1) Aujourd'hui de Dijon.

XIII.

Ipsa uero die sabbati : haramburgis lotoringa de nanceyo castro nata tullensis dyocesis ceca erat. et per duos annos fere oculos clausos habuerat : itaq͞d eos non poterat aperire. Que adducta ad ecclesiam belnen predictam : precibus et aurilio dei genitricis marie in ipsa ecclesia curata fuit et uisum recepit.

XIII.

Le même Samedi.

Une femme de Lorraine, nommée Haremburges, née au château de Nancy (1), diocèse de Toul, était aveugle et, depuis près de deux ans, avait les yeux fermés sans pouvoir les ouvrir. Ayant été amenée à Notre-Dame, elle fut guérie dans l'église même, et recouvra la vue par les prières et le secours de la bienheureuse Vierge Marie, mère de Dieu.

XIV.

Sabbato post ascen͞ domini : quedam puerlula de beligneio subtus bel-

XIV.

Le Samedi après l'Ascension.

Une petite fille de Bli-

---

(1) On ne trouve à Nancy nul vestige d'antiquité : aussi n'en est-il point fait mention, dans l'histoire, avant le 11e et même le 12e siècle. ce n'était alors qu'un château dépendant du diocèse de Toul. (Voyez le *Dictionnaire géographique* par l'abbé Expilly). Son évêché ne fut érigé qu'en 1778.

nam. etatis circiter octo annos : per plures annos ceca fuerat : nec aliquid in toto mundo uidere poterat. Ipsa adsportata ad ecclesiam belnen supradictam : diuina misericordia et precibus uirginis gloriose uisum recepit. in presentia fide dignorum ibidem astentium : dominum ihesum xpistum et eius genitricem uirginem mariam de suis excellentissimis operibus laudantium.

gny-sous-Beaune, âgée d'environ huit ans, était aveugle depuis plusieurs années et ne pouvait absolument rien voir. Elle fut apportée à l'église Notre-Dame, et par un effet de la miséricorde divine, et par les prières de la très-sainte Vierge, elle recouvra la vue en présence de personnes dignes de foi, qui louaient Jésus-Christ et la glorieuse Vierge Marie, sa mère, des merveilles qu'ils opéraient.

XV.

Adhuc eodem die sabbati : quidam homo natus in parochia de sarregneyo prope belnam in uilla que dicitur la doi contractus iacebat in burgo nouo in uilla belnen : et ibi fuerat iacens

XV.

Le même Samedi.

Un homme, né à Ladoix, paroisse de Serrigny, depuis plus de deux ans qu'il demeurait à Beaune, se tenait au Bourgneuf, ayant le corps tout courbé. Un clerc touché de compas-

per duos annos et amplius. Quidam autem clericus motus diuina misericordia cepit eum in grabato et adsportauit ipsum ad ecclesiam predictam : statim inuocato cum lacrimis ihesu xpisti et eius gloriose genitricis auxilio erectus fuit et sanatus : et ambulabat coram populo. et alta uoce nomen domini et eiusdem uirginis matris collaudabat.

sion, le prit dans son grabat et le porta à l'église Notre-Dame. Aussitôt, ayant invoqué avec larmes le secours de Jésus-Christ et de sa sainte Mère, son corps fut redressé ; il fut parfaitement guéri et marcha devant tout le peuple, louant hautement le nom de Dieu et de la bienheureuse Vierge Marie.

XVI.

Similiter eodem die sabbati : nobilis mulier abbatissa monasterij molesie cisterciensis ordinis cabilonensis dyocesis pernoctauit causa peregrinationis in ecclesia beate marie belnen asserens pro uero quod

XVI.

Le même Samedi.

Une dame noble, abbesse de Molaise, de l'ordre de Citeaux, diocèse de Châlon, vint en pèlerinage à à Notre-Dame, assurant qu'elle avait perdu l'ouïe. Elle passa la nuit dans cette église, et, par la

ipsa perdiderat auditum et per diuinã gratiam et auxilio beatissime et gloriose uirginis marie: auditum penitus quem amiserat recuperauit.

grâce de Dieu et le secours de la bienheureuse Vierge Marie, elle fut entièrement guérie de son infirmité.

XVII.

Quadam die sabbati post octabas penthecostes quedam mulier de crugeyo eduesis dyocesis. que a die purificationis beate marie ceca fuerat: plurima uota fecit deo et beate marie uirgini pro recuperando uisum. Que perrexit ad capellam beate marie de poilleyo causa peregrinationis: et misit oblationes suas ad ecclesiam beate marie de sinemuro. et ad alia loca ubi ipsa

XVII.

Le Samedi après l'Octave de la Pentecôte.

Une femme de Crugey, diocèse d'Autun (1), qui était aveugle depuis le jour de la Purification, avait fait plusieurs vœux à Dieu et à sa sainte Mère pour recouvrer la vue. Elle était allée en pèlerinage à la chapelle Notre-Dame de Pouilly, et avait envoyé des offrandes à Notre-Dame de Semur, ainsi qu'à d'autres églises, où elle n'avait pu se transporter. Enfin, elle

(1) Aujourd'hui de Dijon.

non poterat ire. Et tandem decidit in lectum : nec de membris suis poterat se iuuare. Auditis autem rumoribus miraculorum que fiebant in ecclesia beate marie belnen : uouit do et beate uirgini gloriose dei genitrici marie : quod ipsa quancitius posset sanitate recuperata: ecclesie belnen predicte limina uisitaret. Interea accidit cooperante diuina gracia: uisum et sanitatem membrorum suorum recuperauit. Et confestim uenit ad pedes suos pro erequendo uotum suum : et fuit in ecclesia beate marie belnen predicta die sabbati. gracias deo et beate gloriose uirgini reddidura. cuius me-

tomba malade, et ne pouvait plus se servir de ses membres. Entendant parler des nombreux miracles qui s'opéraient à Notre-Dame de Beaune, elle fit vœu à Dieu et à la bienheureuse Vierge Marie, sa mère, de visiter, le plus tôt possible, cette église, lorsqu'elle aurait obtenu la santé. Sur ces entrefaites, elle recouvra la vue et l'entier usage de ses membres par une grâce spéciale de Dieu. Le jour même, elle vint à pied à Beaune, pour accomplir son vœu et rendre grâces au Seigneur et à la très-sainte Vierge, qui, par ses mérites et sa puissante intercession, avait obtenu sa guérison. Pour constater l'authenticité du miracle, ayant été

ritis et precibus sibi erat sanitas restituta. Et ut istud esset certissimũ : super hoc requisita a uenerabili uiro decano ecclesie supradicte. et a pluribus alijs fide dignis ibidem astantibus : recognouit et iurauit omnia narrata superius esse uera. Et hoc secum testificata est : quedam bona sua matrona que cum ipsa uenerat.

interrogée par le vénérable doyen de l'église Notre-Dame et par plusieurs autres personnes dignes de foi, elle assura par serment que le tout était véritable : c'est ce qu'affirma aussi sa vieille mère, qui l'avait accompagnée.

XVIII.

Sequenti die sabbati post quindenam penthecostes : quidã inuenis de burgo sancti iohanis eduen nomine micheletus pelliparius. cecus fuerat de uno oculo : et de alio parum uidebat. Itaq3 aggressus iter peregrinandi uenit ad ecclesiam

XVIII.

Le Samedi suivant, après la quinzaine de la Pentecôte.

Un jeune homme, du faubourg Saint-Jean d'Autun, nommé Michel, tanneur, était borgne et voyait très-peu de l'autre œil. Il vint en pèlerinage à Notre-Dame pour recouvrer la vue

beate uirginis marie bel-
neñ : causa uisum suũ
recuperandi quem a car-
nipriuio in antea prete-
rito amiserat ut dicebat.
Cum autem ipse appro-
pinquaret ecclesiam : le-
uamen sensit de oculis.
et in dicta ecclesia totum
lumẽ suum de utroq3 o-
culo precibus gloriose
uirginis marie recupe-
rauit.

XIX.

Eodem die nocturno
tempore : quedam ma-
trona de chambeu. eduen-
sis dyocesis margareta
nomine. que fuerat con-
tracta per decem et octo
annos et amplius : inuo-
cato ihesu xpisti et glo-
riose dei genitricis auxilio. in ecclesia belnen
gressum recuperauit : et

qu'il avait perdue, disait-il,
le carême précédent. Com-
me il approchait de l'église,
il éprouva du soulagement,
et à peine y était-il entré
que ses yeux furent par-
faitement guéris, par les
prières de la glorieuse Vierge Marie.

XIX.

*Le même Samedi, pendant
la nuit.*

Une mère de famille de
Chambœuf, diocèse d'Au-
tun, nommée Marguerite,
était courbée depuis plus
de dix-huit ans. Ayant invoqué, dans l'église Notre-
Dame, le secours de Jésus-
Christ et de sa glorieuse
Mère, elle recouvra l'usage

leuiter ambulauit sine alicuius adiutorio.

XX.

Adhuc eodem die : quedam iuuenis coniugata de sco gengulpho cabilonen dyocesis. dicta nomine guicharda : que die ueneris ante ramos palmarum nuper tunc preterita amisit sensum. auditum. et potestatem manuum suarum : habens digitos curuos. ita quod ungues eius intrabant carnem manuu ipsius iuuencule mulieris. Audito eiusdem marito de miraculis que cotidie fiebant in ecclesia beate marie belnen : adduxit eam predicto die sabbati ad ecclesiam uirginis gloriose. et statim erecti fuerunt digiti : atqȝ ma-

de ses jambes et marcha parfaitement sans aucun aide.

XX.

Le même Samedi.

Une jeune femme de Saint-Gengoux, diocèse de Châlon, nommée Guicharde, avait perdu la sensibilité, l'ouïe et l'usage de ses mains, le vendredi avant les Rameaux. Ses doigts étaient tellement contractés sur la paume de ses mains, que les ongles pénétraient dans les chairs. Or, son mari, entendant parler des miracles qui se faisaient tous les jours à Notre-Dame de Beaune, l'amena dans cette église. Aussitôt ses doigts furent redressés, et elle recouvra la sensibilité, l'ouïe et l'usage de ses mains. C'est ce qu'attesta Guillaume, son mari,

uuum. sensus et auditus. recuperauit sanitate. Et hoc testificatus est guillermet^s maritus eius : una cum uicina sua Stephaneta. et plures alij presbiteri clerici et laici quod longum est enarrare : et nostra pernicia non permittit.

ainsi qu'une voisine, nommée Etiennette, et plusieurs autres, tant prêtres que clercs et laïques, qu'il serait trop long d'énumérer, à cause de la brièveté que nous nous sommes prescrite.

XXI.

Sabbato post tres edomadas pethecostes Inquetus de sancto mauricio lingonensis dyocesis clericus contractus erat. et se non poterat aliquo modo erigere : atque fere pruatus lumine oculorum. Dominus autem iohannes de sancto mauricio presbiter patruus eidem clerici. et capellanus altaris sancti dyouisii in ecclesia beate marie

XXI.

Le Samedi, trois semaines après la Pentecôte.

Un clerc du diocèse de Langres, nommé Luc, né à Saint-Maurice, avait le corps si courbé qu'il ne pouvait nullement se redresser ; de plus, il était presque aveugle. Il avait à Beaune un oncle, nommé Jean de Saint-Maurice, prêtre et chapelain de Saint-Denis à l'église Notre-Dame. Rempli de confiance à

belnen uidens tot miracula et confidens : uouit eum et reddidit deo et beate gloriose dei genitrici uirgini marie. Qui statim mittens nuncium apud sanctum mauricium mandans parentibȝ dicti clerici : quod ipsum festinanter adducerent ad supradictam beate marie belnensis ecclesiam. sperans certissime quod precibus gloriose uirginis membrorum et uisus recuperaret sanitatem. Quo audito parentes dicti clerici : adduxerunt eum ad ecclesiam sepedictam. ubi ipse moratus fuit per nouem uel decem dies. Et auxilio dei et beate marie belnen inuocato : lumen oculorum et gressum integre rece-

la vuë de tant de miracles, cet ecclésiastique voua son neveu à la bienheureuse Vierge Marie, mère de Dieu, et envoya aussitôt à Saint-Maurice faire prévenir ses parents d'amener de suite le malade à Notre-Dame de Beaune, ne doutant pas qu'il ne recouvrât la vue et la santé par les prières de la très-sainte Vierge. Aussitôt ses parents s'empressèrent de l'amener à cette église, où il resta neuf ou dix jours. Ayant invoqué le secours de Dieu et de sa sainte Mère, ce Clerc, qui auparavant ne pouvait se mouvoir, recouvra la vue et l'usage de ses jambes. Quelque temps après, il jeta là son bâton et marcha parfaitement, sans l'aide de personne.

pit. qui antea non poterat se mouere. Post-modum uero infra modicum tempus abiecto bacula : et absq3 apodiatone aliqua. bene plane et firmiter ambulauit.

XXII.

Adhuc obliuioni tradere non debemus nec tacere diuina miracula : que dominus ihesus xpistus precibus gloriose uirginis in sua ecclesia bellñen nobis peccatoribus dignatus est demoustrare. Et propter hoc nobis istud miraculū recitabo: ad laudem et gloriam dulcissime dei genitricis marie. Unde accidit interea quod iaquetus de sancta helena cabilonēn dhocesis iuuenis clericus curūs erat et per spa-

XXII.

Le Dimanche avant la Nativité de saint Jean-Baptiste.

C'est pour nous une obligation de publier les merveilles que notre Seigneur Jésus-Christ a bien voulu faire éclater, à la prière de sa sainte Mère, en présence de nous, pauvres pécheurs, dans cette église Notre-Dame ; c'est pourquoi je vous rapporterai le miracle suivant, à la louange et à la gloire de la très-douce Vierge Marie. Un Clerc, nommé Jacques, de Sainte

cium trium annorum ita remansit : quod pati non poterat quin manum suam super genu suum appodiaret. Qui uenies peregrinando ad predictam ecclesiam beate marie belnensis : fuit ibi proximo sabbato ante festum beati barnabe apostoli. et pernoctauit in ecclesia predicta : et per totam edomadam sequentem uisitauit dictam ecclesiam. Et sabbato ipsius edomade permansit in dicta ecclesia ante altare uirginis marie in orationibus : et die dominica ante natiuitatem beati iohannis baptiste diuina gracia et precibȝ gloriose uirginis erectus fuit. et recepit totius sui corporis sanitate.

Hélène, diocèse de Châlon, avait le corps courbé, et, depuis l'espace de trois ans, était dans un état d'infirmité tel, qu'il ne pouvait se soutenir qu'en appuyant les mains sur ses genoux. S'étant rendu en pèlerinage à Notre-Dame, le samedi avant la fête de saint Barnabé, il passa la nuit en prières dans cette église, et la visita chaque jour de la semaine suivante. Le samedi de la même semaine, il demeura en oraison devant l'autel de la très-sainte Vierge, et, le dimanche avant la Nativité de saint Jean-Baptiste, il fut redressé et entièrement guéri, par la grâce de Dieu et l'intercession de sa très-sainte Mère.

XXIII.

Aliud sequitur diuinum miraculum eodem tempore: a domino ihesu xpisto precibus beate marie uirginis impetratum. Uerum quidem est quod iohannes dictus chopillars de diuione mercator: quasi furibundus uenit ad ecclesiam beate marie belnen omnibus membris tremebudus clamando fortiter: dulcis uirgo maria dei mater adiuua me. Infelix ego hec merito patior: quia ego no cessabam te iurare turpiter: et filium tuum dominum nostrum ihesum xpistum: et uerba turpia atq3 uillisima de uobis dicere. Et ego penitens uoueo et promitto tibi dulcissima uirgo

XXIII.

Dans le même temps.

Voici encore un miracle opéré par notre Seigneur Jésus-Christ, à la prière de sa sainte Mère. C'est un fait digne de toute croyance qu'un nommé Jean (dit Chopillard), marchand de Dijon, vint comme un furieux à l'église Notre-Dame. Il tremblait de tous ses membres et se mit à crier avec force : « O très-douce « Vierge Marie, Mère de « Dieu, venez à mon se- « cours ! Malheureux que « je suis ! je mérite bien « les tourments que j'en- « dure ; car je n'ai cessé « de blasphémer votre saint « nom et celui de Jésus- « Christ, votre fils, et de « vomir des paroles obscè- « nes contre l'un et l'au-

maria : q̃ toto tempore uite mee ieiunabo diem tuum. et nunquam de cetero de te nec de tuo filio domino nostro ihesu xpisto dicam blasphemias : nec amplius iurabo nomen tuum uel filii tui in uanum. nec dicam de aliquibus mulieribus ob tui reuerentiam et honorem blasphemias toto tempore uite mee. Et ita totum corpus eius tremulabat dicendo quod uidebatur ei habere grossum frustum carnis in guture suo : et pausare seu requiescere non poterat. ita quod faciebat horrorem illis qui ipsum uidebant et incutiebat timorem. Et stetit in dicta ecclesia ab hora misse

« tre. Mais, touché de re-
« pentir, je promets et fais
« vœu, ô Vierge sainte,
« que tout le temps de ma
« vie je jeûnerai le jour
« qui vous est consacré.
« Dorénavant le blasphè-
« me contre vous et votre
« fils ne sortira plus de
« ma bouche : je ne pren-
« drai plus en vain son
« nom sacré ni le vôtre,
« et ne tournerai plus en
« raillerie la piété des per-
« sonnes qui vous hono-
« rent. » En parlant ainsi,
il était tout tremblant, et
disait qu'il lui semblait a-
voir un énorme morceau
de chair à la gorge ; il n'a-
vait aucun repos, et, dans
cet état, il inspirait l'hor-
reur et l'effroi à tous ceux
qui le voyaient. Il resta
dans l'église, depuis la pre-

matutinalis usque ad magnam missam: tunica uestitus sine corrigia, calciatus caligis sine sotularibus : sicut exierat de lecto suo. Et dicebat quod se non poterat uestire nec calciare : propter nimiam anxietatem infirmitatis et doloris. Post ea uero accidit diuina gracia et precibus gloriose uirginis marie: quod ipse homo penitens circa horam magne misse recuperauit de omnibus membris sui corporis sanitatem. Et ibi presentes interfuerunt testes : dominus galterus sacrista predicte ecclesie. dominus petrus de niuarijs presbiter: et plures alij presbiteri. clerici. et laici. quod

mière messe jusqu'à celle du chœur, vêtu seulement de sa tunique, sans ceinture, ayant mis ses bas sans souliers, comme il était sorti de son lit ; car il affirmait ne pouvoir ni se vêtir, ni se chausser, à cause des douleurs horribles qu'il éprouvait. Or, vers l'heure de la grande messe, cet homme, vraiment contrit, obtint une entière guérison, par la miséricorde divine et l'intercession de la bienheureuse Vierge Marie. Les témoins de ce miracle sont les sieurs Gauthier, sacristain de la dite église, Pierre de Veuvey, et plusieurs autres prêtres, clercs et laïques, dont il serait trop long de rapporter les noms.

lungum est enarrare.

XXIV.

Eadem uidelicet edomada predicta : quedam bona matrona de uilla que dicitur sancta sabina. ueniens peregrinando ad ecclesiam beate marie belnen : retulit coram omnibus ueraciter. quod in dicta uilla sancte sabigne erat tum magnum incendium : quod in dicta uilla erant undecim domus iam per ignem destructe. Domus autem filie ipsius matrone iam erat incensa : de tribus partibus. uidens illa matrona hoc dampnum atq3 graue periculum : flexis humiliter in terram genibus ? lacrimis et corde intimo.

XXIV.

La même semaine.

Une mère de famille, de Sainte-Sabine, vint en pèlerinage à Notre-Dame de Beaune, et rapporta, en présence de nombreux témoins, qu'il y avait eu, dans son village, un incendie si violent que onze maisons étaient devenues la proie des flammes. Déjà le feu avait pris, de trois côtés, à celle de sa fille. A la vue d'un si grand malheur et d'un danger si imminent, cette femme se prosterne humblement à terre, et place, avec toute la ferveur possible, cette maison sous la garde de Dieu et de la bienheureuse Notre-Dame de Beaune.

dictam domum commisit
custodie deo et beate ac
gloriose dei genitrici uirgini marie in ecclesia
belnen : et confestim fuit
illa domus recussa. et
ignes similiter extincti
fuerunt ; prestante do-
mino ihesu xpisto. qui
cum patre et spiritu
sancto uiuit et regnat
deus in secula seculo-
rum. amen.

Aussitôt la maison éprouva comme un tremblement, et le feu s'éteignit par un effet de la toute-puissance de notre Seigneur Jésus-Chrit, qui, étant Dieu, vit et règne, avec le père et le Saint-Esprit, dans tous les siècles des siècles. Ainsi soit-il.

Dans un supplément manuscrit à l'Histoire de Beaune, qui nous a été communiqué par M. SUREMAIN DE MISSERY, le savant abbé Bredault, notre compatriote, que nous avons déjà cité, rapporte, en résumé, les miracles qui précèdent ; puis il ajoute :

« J'ai lu dans un Mémoire historique sur la Collé-
« giale, fait par un Chapelain de cette Église, d'après
« son Martyrologe, que le 11 Octobre 1507, un en-

« fant mort-né, présenté devant la sainte Vierge et
« les reliques des Saints, montra des signes de vie
« et fut ensuite baptisé; que le 19 du même mois,
« un autre enfant, mort-né, fils de Jean Maëlon,
« donna des signes de vie, fut baptisé, puis enterré
« de l'ordonnance du Chapitre, en présence de plu-
« sieurs personnes et au concours de toute la ville. »

En terminant la traduction des miracles de Notre-Dame de Beaune, nous nous permettrons encore une réflexion :

Rappelons-nous que la très-sainte Vierge ne fut jamais invoquée en vain, qu'elle est notre Médiatrice auprès de Jésus-Christ, notre souverain Médiateur, et que c'est la foi qui obtient les prodiges. Soyons aussi religieux envers Dieu, aussi pieux envers Marie que l'ont été nos pères, et nous verrons les mêmes merveilles se renouveler en notre faveur. *Quoi que ce soit que vous demandiez dans la prière*, a dit l'Oracle de la Vérité, *vous l'obtiendrez si vous le demandez avec foi* : Omnia quæcumque petieritis in oratione credentes, accipietis. (*St. Mathieu, chap.* 21, *verset* 22.)

Voici un document tiré des Archives Départementales, qui nous a semblé d'une grande importance. C'est le procès-verbal de l'un des deux miracles cités par l'abbé Bredault, au sujet de deux enfants morts-nés, et que nous n'avons pu qu'indiquer précédemment. Comme cette pièce, curieuse d'ailleurs par le style du temps, est revêtue de tous les caractères d'une authenticité incontestable, nous la livrons à la publicité, pour être ajoutée à notre traduction. Le lecteur restera convaincu qu'on ne pouvait prendre de plus minutieuses précautions pour constater la vérité du miracle.

L'an mil cinq cens et sept le xie jour du mois doctobre Girard Coutot costurier demeurant à beaune et aige denuiron quarante ans et souvenant de trante ans dit et depose par son serement donne aux sainctz euangilles de dieu estre uray que le dimenche apres la feste sainct denys dixieme jour dudit mois an que dessuz luy qui depose avec les aultres cy dessoubz nommes appourtairent en leglise collegial nostre dame dudict beaune deuant le grant laultel et ymaige de la glorieuse Uierge Marie dicelle eglise ung enffant mort netz du corps de Iehanne dubois fille de feu Huguenin dubois et de Pierrote sa femme ses pere et mere.

Manente et residente en la perroche de ladicte eglise et illecques depuis enuiron lheure de quatre heures apres midj dudict iour gardairent en pryeres et oraisons deuant ladicte ymaige ledict enffant jusques à lheure denuiron sept heures et demyè apres suyvant priant et requerant ladicte glorieuse Uierge que par son intercession peult obtenyr et

impetrer enuers nostre seigneur uie audict enffant mort
netz pour recepuoir le sainct sacrement de baptesme.

En oultre que a ladicte heure de sept heures et demye
ou enuiron et ung peu avant ce que lon sonnast le serot
de ladicte eglise par signes euidens uirent ledict enffant
auoir uie asseavoir premierement sans aucungz mouue-
mens eschauffemens de seng ne autrement et sans autres
moyens que par lintercession de ladicte glorieuse Uierge
comme il croyt fermement uit ouuryr et cloure la bouche
audict enffant, changer couleur morte qu'il auait en uermeille couleur tyrer et retyrer les deux iambes et lung des
bras et les doigz suer par tout le corpz et rendre sang et
eau par le netz et estoit chaulx et moult. Quoy veant in-
continant luy qui depose print de l'eau et le baptisa en
absence de prebtre en la maniere qui sensuyt disant enffant je te baptise ou nom du pere et du filz et du sàinct
esperit amen en gectant et aspergeant ladicte eau par trois
foys en la maniere acostumee sur ledict enffant et lors
luy depose et les autres presens cy apres escriptz se prin-
rent a rendre grace a dieu et la glorieuse Uierge et cryant
misericorde par plusieurs foys. Et ce faict tantost apres
ledict enffant qui paravant estoit moul mesmement à lheure
dudict baptesme commenca a enroydir et devenir froit
comme personne morte et luy semble que lors et tantost
apres ledict baptesme ledict enffant n'auoit plus de uye et
plus nen scet.

Interrogue si par don guerdon promesses dor ou dar-
gent ou autrement ou par amour ou faveur qui estoit aux
parens il ayt dit et depose les choses dessusdictes dit que
non ains pour la seulle verite dire et non autrement etc.....
Et le dit scavoir pource que touiour il estoit present a toutes les choses dessusdictes.

Guillaume Cosner uigneron demeurant en la perroiche

sainct Pierre dudict Beaune et aige denuiron trente huit ans et souuenant de uingt et cinq ans etc...

Dit et depose par son serement donne comme dessus tout le contenu cy dessus escript estre uray excepte seulement qui ne uit pas ouvryr la bouche audit enffant pourceque ny estoit pas a icelle heure qu'il ouuryt la bouche et le dit savoir pource qu'il a este present et a uehu toutes les autres choses dessusdictes.

Iehan de Ville tondeur dudict beaune et aige denuiron dixhuict ans et souvenant de dix ans etc.....

Dit et depose par son serement pour ce donne aux sainctz euangilles de dieu etc..... Le contenu cy dessus escript estre uray fors seullement qui ne uit pas tyrer ne retyrer les iambes dudict enffant pour ce que lors il ny estoit pas mais de toutes les autres choses dessusdictes dit qu'il est uray pource qu'il a este present etc.....

Iehanne uesue de Perrin Iehannin demeurant en la perroiche sainct Pierre dudict beaune et aige enuiron vingt et quatre ans souuenant de douze etc.....

Depose par son serement etc...... le contenu en la deposition dudict Girard Coutot estre uray et le dit scavoir pource que tousiours elle feut présent etc.....

Denyse uesue de philibert Beruitot perroichienne de ladicte eglise collegial etc..... Et aige danuiron quarante ans et souvenant de trante etc.....

Dit quelle a uehu suer ledit enffant cloure et ouvryr la bouche et gester sang et eau par les netz et prandre couleur uermeille.

Dit aussi quelle uit baptiser ledict enffant audict Girard comme dit est et le dit scavoir pource quelle est presente et a uehu les choses dessusdictes.

Iehanne uesue de feu claude Bouchaussault bonne mere des enffans iruee dudict beaulne et aige denuiron soixante ans et souuenant de cinquaute etc.....

Dit par son serement etc..... quelle estoit presente lorsque ladicte Iehanne du Bois enffanta ledict enffant et le receust interroguee si ledict enffant estoit mort dit que oy interroguee si les signes dessusdictz sont urays signes de uye dit semblablement que oy et a tels et semblables signes quans le cas advient en recepuant les anffans par ledict beaulne elle les baptise en la forme dessusdite en usant de son office. Et plus nen scet Etc.....

Et ainsi lont dit et depose lesdictz temoingts par deuant nous messires Robert Bolemet et Iehan Clement prebtres notaires publicques es presences de uenerables personnes maistres Iehan Bauldin chantre de ladicte eglise Everard sergent secretain Gerard Uuillemain Andre le Bongt prebtres habitues de ladicte eglise messire Glaude Bonnot aussi prebtre et noble homme Lombart escuier temoing ad ce requis. *Signé*, CLÉMENT, prebtre ; BOLEMET.

Certifié conforme à l'original.

Signé **GARNIER.**

Vous avons cru important de transcrire ici trois Délibérations du Chapitre de la Collégiale de Beaune, relatives à notre Statue miraculeuse, et que nous devons à l'obligeance de M. GARNIER, Archiviste à Dijon. On y verra, 1° que, jadis, on avait à cette Vierge la plus grande dévotion, puisque les malades empruntaient les pierreries et les bijoux qui servaient à l'orner ; 2° que, de temps immémorial, comme nous l'avons déjà dit, cette même Statue était placée au-dessus du maître-autel ; 3° enfin, qu'on lui offrait les dons les plus précieux, gages d'amour et de reconnaissance.

25 *Mai* 1596.

Le Chapitre estant capitulairement assemblé, « Messire Philib'. Decologne a apporté sur le bureau « deux anneaulx l'ung où il y a un saphir, l'autre « où il y a une pierre rouge appelée la pierre Nostre-« Dame et ung cueur d'argent doré où il y a escript « à l'entour DE LA ROBE NOSTRE-DAME, lesquels « joyaux il avoit empruntés du Chapitre pour Ma-« dame Micault ayant mal aux yeulx et en demande « décharge. »

25 *Octobre* 1613.

Le Chapitre estant capitulairement assemblé, « Monsieur Arbaleste Chanoine a dict avoir faict pe- « ser les deux coronnes d'argent que M. Pasquelin « aussi Chanoine Théologal de cette église a faict « faire à ses dépens pour mettre sur la teste de l'image « de N^e. Dame qui est sur le grant autel et de son « enfant, les quelles coronnes sont du poids de neuf « onces. »

10 *Novembre* 1656.

Au Chapitre général de la Saint-Martin.

« Le sieur Delamare chanoine a prié la compagnie « d'avoir pour agréable un petit présent qu'il dési- « roit faire à l'Église d'un ornement pour l'image de « de la Ste Vierge de velours violet à fond blanc « garny d'un passement de frange my or et argent, « affin d'assortir à la chasuble qu'il a cy devant don- « née de pane violette garnie aussi de passement my « or et argent, avec cette intention que les dicts orne- « ments ne soient employés que pendant le temps de « l'Advent et Caresme. Sur quoy MM. en tesmoignent « au dict sieur Delamare les recognoissances qu'ils en « avoient; et faicts leurs remerciements, l'ont assuré « qu'ils se souviendroient de lui en leurs prières et sa-

« crifices et que les dicts ornements ne serviroient sui-
« vant son intention que pendant le temps de Ca-
« resme et l'Advant seulement, et en outre ont déli-
« béré que attendu qu'il y a aprésent dans la sacristie
« nombre suffisant d'ornements pour l'image de la
« S^{te}. Vierge décents et honnestes que l'on ne se ser-
« viroit plus de celuy de viel velours violet et de ce-
« luy de Feutaine blanche. »

(*Archives Départementales.*)

HÆC TOTA RATIO SPEI MEÆ!

Bénie soit la sainte et immaculée Conception de la bienheureuse Vierge Marie maintenant et dans l'éternité. Ainsi-soit-il (1).

Comme cette deuxième édition de la Couronne à Marie a été publiée pour rendre grâces à Dieu, de ce que, sur la demande de notre pieux et vénérable évêque, Monseigneur Rivet, le souverain Pontife, Pie IX, a bien voulu accorder au diocèse de Dijon le privilége inestimable de saluer Marie du titre d'*immaculée* et dans ses litanies et au milieu même de la célébration des saints mystères (2), nous rapporterons ici les paroles remarquables du bienheureux Léonard de Port-Maurice sur la future définition qui établira l'immaculée Conception de la très-sainte Vierge entre les *vérités de foi :*

« Prions donc, afin que l'Esprit-Saint inspire à notre Saint-Père d'embrasser avec ferveur *une œuvre de si grande importance, et de laquelle dépend le repos du monde,* car je tiens pour très-certain que si on rend ce solennel hommage à la souveraine Impératrice, il se fera tout aussitôt une paix universelle. Oh ! quel grand bien ! Oh ! quel grand bien ! Une fois je lui en parlai (à Benoît XIV), et je lui représentai qu'en le faisant il s'immortaliserait dans le monde et qu'il acquerrait une couronne de grande gloire dans le Ciel ; mais il faut qu'*un rayon de lumière descende d'en haut.* »

---

(1) *L'immaculée Conception* de Marie est le premier, le plus glorieux de ses privilèges, celui qui la rapproche le plus de le Divinité ; c'est par elle que nous recevrons tous les biens : *Venerunt mihi omnia bona pariter cum illâ !* (Sagesse, ch. 7, v. 11).

(2) Voyez le mandement si touchant de Monseigneur Rivet sur l'*immaculée Conception* de Marie, en date du 29 novembre 1851.

Afin de faire descendre du Ciel *ce rayon de lumière*, que les fidèles multiplient, redoublent *leurs prières et leurs aumônes* : bientôt ils seront exaucés, et toutes les bouches rediront sans cesse cette invocation plus digne de retentir au plus haut des Cieux, dans les cantiques des anges, que d'être entendue sur la terre : *Reine conçue sans péché, priez pour nous ! Regina sine labe concepta, ora pro nobis !*

Notre-Dame de Beaune, ô vous qu'on a jamais invoquée en vain (1), vous qui avez obtenu en faveur de nos pères de si *nombreux miracles*, priez pour nous ; appliquez-nous *tous les mérites* de votre *archiconfrérie* (2)!

Souvenez-vous, ô très-douce Vierge Marie ! qu'on n'a jamais ouï dire que personne ait eu recours à votre protection, ait imploré votre assistance ou demandé votre intercession, et que vous l'ayez abandonné. Animé d'une pareille confiance, je cours vers vous, ô Vierge des vierges et notre Mère ! je me réfugie à vos pieds, et, tout pécheur que je suis, j'ose paraître devant vous en gémissant. Ne méprisez pas, ô Mère de mon Dieu ! mon humble prière ; mais rendez-vous-y propice, et daignez l'exaucer.

O Marie, conçue sans péché ! priez pour nous qui avons recours à vous : Renversez les projets des méchants, anéantissez leurs *doctrines infernales* et rendez à l'église la *tranquillité et la paix !*

Saint Joseph, ô vous le *protecteur* et le *père* de tous les hommes, priez pour nous !

Laus perpetua Jesu, Mariæ et Joseph !

---

(1) La très-sainte Vierge est la plus tendre des mères ; elle peut, par son intercession, tout ce que Dieu peut par sa puissance : *Nemo tam mater ! Quod Deus imperio, tu prece, Virgo, potes !*

(2) Que les fidèles ne cessent de prier pour la propagation de l'Archiconfrérie du très-saint et immaculé cœur de Marie ; elle sera la ressource de l'Église.

FIN.

www.ingramcontent.com/pod-product-compliance
Lightning Source LLC
LaVergne TN
LVHW051513090426
835512LV00010B/2513